Historiarte
Entrelaços da imaginação

Livro 1
6 meses a 1 ano

Dados Internacionais de Catalogação na Publicação (CIP) de acordo com ISBD

M149h   Machado, Jô

Historiarte - Livro 1 / Jô Machado, Maria Cristina Pereira, Elidete Zanardini Hofius ; ilustrado por Shutterstock. - Jandira, SP : Ciranda Cultural, 2021.
32 p. : il. ; 24cm x 24cm.

ISBN: 978-65-5500-238-6

1. Educação. 2. Educação infantil. 3. Arte. 4. Literatura. 5. Literatura infantil. 6. Pedagogia. I. Pereira, Maria Cristina. II. Hofius, Elidete Zanardini. III. Shutterstock. IV. Título.

2021-832

CDD 372.2
CDU 372.4

Elaborado por Vagner Rodolfo da Silva - CRB-8/9410

Índice para catálogo sistemático:
1. Educação infantil : Livro didático 372.2
2. Educação infantil : Livro didático 372.4

© 2021 Ciranda Cultural Editora e Distribuidora Ltda.
Texto © Jô Machado, Maia Cristina Pereira, Elidete Zanardini Hofius
Ilustrações: arquivo pessoal; Shutterstock
Diagramação e projeto gráfico: Ana Dóbon
Produção: Ciranda Cultural

1ª Edição em 2021
www.cirandacultural.com.br
Todos os direitos reservados. Nenhuma parte desta publicação pode ser reproduzida, arquivada em sistema de busca ou transmitida por qualquer meio, seja ele eletrônico, fotocópia, gravação ou outros, sem prévia autorização do detentor dos direitos, e não pode circular encadernada ou encapada de maneira distinta daquela em que foi publicada, ou sem que as mesmas condições sejam impostas aos compradores subsequentes.

Historiarte
Entrelaços da imaginação

Livro 1
6 meses a 1 ano

Literatura e bebês:
um encontro possível

Nas propostas literárias direcionadas aos bebês, o professor é o mediador, e é de suma importância que ele tenha uma boa didática para que o resultado da literatura aplicada seja alcançado.

Obra: *Ponte de Giverny*
Autor: Claude Monet, 1899
Fonte: Fundação Claude Monet - França

Para melhor compreender o papel do professor como mediador, tenhamos como exemplo a obra do pintor impressionista Claude Monet, *Ponte de Giverny*, pois o professor deve ser a ponte entre os bebês e os livros.

Ele precisa, antes de qualquer coisa, compreender que bebês são leitores de mundo e, nesse cenário, os livros são parte fundamental para abrir caminho rumo a uma leitura ampla.

Uma possibilidade de acesso aos livros, em uma instituição educativa que atende bebês, é por meio da **bebeteca**, isto é, um acervo específico para os bebês. Esse espaço precisa conter livros que eles possam tocar, sentir, cheirar, morder e manusear.

É importante ressaltar que a **bebeteca** deve estar sempre em processo de construção, ou seja, dever ser constantemente renovada, para que haja novidades aos olhos da criança.

A lógica de uso e significado do livro é diferente para bebês e adultos. Para os pequenos, as experiências tátil, sensorial e visual são as que realmente têm significado. Nos últimos anos, os livros se tornaram mais atrativos para bebês e crianças, com a oferta de livros de pano, de plástico, sonoros, com pop-ups, adereços, narrativas táteis, visuais, etc. Eles vieram para enriquecer o universo literário infantil, e são, sem dúvida, boas escolhas para uma **bebeteca**.

    É importante o professor perceber que os livros para bebês se constituem primeiro em brinquedos que mobilizam a construção corporal de movimentos que culturalmente fazem parte do ato de ler. Por isso, o primeiro aprendizado é a ação de folhear o livro. Pegar um exemplar, tê-lo próximo ao corpo e tocar nas páginas é um movimento corporal instituído a partir da imitação. Bebês que observam os professores executarem essas ações tendem a facilmente incorporá-las ao se depararem com um livro.

Para que a organização da **bebeteca** se concretize, é de grande relevância refletir sobre a estética do espaço. Existe a necessidade do **aconchego**, uma vez que ele é o convite ao contato com os livros.

Almofadas, tapetes sensoriais, móbiles, tecidos de diferentes texturas e cores, personagens em forma de bonecos, entre outros objetos, podem ser a composição ideal que favorece o encontro dos bebês com os livros.

A **bebeteca** e a organização dela nos convocam a um modo de ver e pensar nos bebês como seres criativos, que acessam saberes diante do que lhes é oferecido.

Nesse ponto se encontra o questionamento primordial da proposta literária com bebês, ou seja, o conceito que você, professor, tem deles. Você acredita no potencial leitor de seus alunos? Se a resposta for afirmativa, certamente você já se deu conta de que eles manifestam as preferências com gestos, olhares, sons e balbucios. Dessa forma, quais personagens os bebês da sua turma mais gostam?

Os livros que contêm o personagem no formato brinquedo oferecem aos pequenos várias possibilidades de descobertas. Antes de perceberem que podem abrir o livro, já sentirão a textura de um brinquedo por meio da percepção tátil. Esse é apenas um exemplo que ilustra o que é possível aprender com um livro-brinquedo.

A **bebeteca** precisa ser um espaço aconchegante para o encontro dos bebês com os livros, mas a proposta ganha maior sentido quando o professor compreende o papel essencial que tem em contextualizar a leitura com o aprendizado e desenvolvimento.

Dessa maneira, a voz, os gestos e a ação corporal dos adultos durante a leitura e a exploração dos livros precisam ser potencializados, e o segredo está em compreender que o **brincar** é a chave mestra dessa atuação.

Uma atividade muito conhecida para quem atua com os bebês é a **brincadeira do cuco**. Nessa ação lúdica, a pergunta: **"Cadê?"** com a resposta **"Achou!"**, é muito apreciada e provocativa aos bebês. Há muitos livros pop-up que o professor pode utilizar para fazer essa brincadeira, revelando a cada página os personagens que estão escondidos. Esse é o tipo de livro que instiga o professor a perguntar, dando ênfase a uma voz interrogativa, cheia de curiosidade. É o brincar dando sentido à ação brincante do adulto a partir da experiência com o livro.

O brincar é uma oportunidade para o estabelecimento de vínculos afetivos. Assim, gradativamente, os bebês começam a reconhecer também suas possibilidades corporais, primeiramente por meio de gestos imitativos e depois passando a reconhecer os outros interagindo com o mundo ao redor.

Nesse sentido, a **voz humana** é uma fonte comunicativa de primeira percepção, que tem o poder de aproximar e mobilizar os pequeninos. É dessa forma que, cantar para o bebê, contar-lhe histórias, tocá-lo por meio de massagens na hora do banho e na troca de roupas, além de leves cócegas nos pés e na barriga, podem ser atividades muito interessantes.

      Desde o momento em que o ventre da mãe carrega um bebê, inicia-se uma percepção importante que se manifesta pela sonoridade presente nos ambientes de convívio materno. Assim, quando o bebê nasce, ele é exposto a uma experiência multissensorial, mas alguns sons não são novos aos seus ouvidos. Daí a importância da atuação pedagógica do professor na **expressão vocal**. É necessário estar atento aos ritmos e diferentes modos de sonorizar palavras e canções, pois esse veículo é muito importante para estreitar o vínculo nas relações educativas. A musicalidade precisa ser uma constante na interpretação do adulto ao contar uma história, ao imitar o som dos animais, ao dar diferentes ritmos para cada personagem, bem como fazer pausas e entonações a cada momento do texto. Todos esses cuidados são diferenciais na hora de planejar uma experiência literária com bebês.

Os docentes que trabalham com essa faixa etária devem ter bastante cuidado com a expressividade vocal, pois as palavras precisam fazer parte do universo pedagógico dos pequenos, mesmo que eles ainda não falem. Por isso é importante cantar, tocar instrumentos, criar sons corporais e utilizar objetos e instrumentos sonoros que sejam uma marca que irá dar o tom para o início da prática literária, entre outros.

Há diversos livros sonoros no mercado. A um toque, o bebê aciona um botão que emite um som; isso faz com que descubra diferentes sons e estabeleça relação entre o que ouve e o que vê nos livros. Esse processo ocorre de forma gradativa e na interação com o folhear do livro.

Assim como as palavras, os sons, as texturas e as imagens dos livros também são de fundamental importância para a ação leitora das crianças. Existem muitos livros com narrativas visuais em que a ilustração traz todo o enredo, e isso faz com que os bebês reconheçam os personagens, agindo de maneiras diversas em cada passagem do livro. Cabe ao professor dar visibilidade a esses personagens quando mostrá-los à turma, pois isso contribui para a compreensão de suas características por parte dos bebês. Ao mesmo tempo, é necessário ter sensibilidade para perceber aquilo que mais chama a atenção deles. Por vezes, algumas imagens nos escapam, mas a eles não.

Quando damos atenção às preferências deles, temos ricas oportunidades de ampliar as propostas literárias. Olhar para seus gostos é dar sentido ao planejamento. Dessa maneira, mais ações podem ocorrer, tendo como princípio o envolvimento e a construção da relação educativa por meio das histórias. Para isso, é necessário investir o olhar docente para as reações das crianças no momento planejado por você para o encontro com a história. Por exemplo, se diante de um livro de imagens eles sempre "pedem", com gestos, para você, de alguma forma, se demorar mais diante de um personagem, isso pode ser um indício de que você precisa explorar mais esse personagem. Então, que tal você trazê-lo em forma de boneco para brincar com eles em um dos momentos planejados para a experiência com essa história?

Uma ideia interessante é brincar com **bonecos de luva**, pois criar personagens para brincar com os bebês a partir das histórias preferidas é uma possibilidade de ativação das imagens mentais.

    Antigamente se acreditava que bebês não sabiam e não podiam brincar, e por isso pouco era investido no potencial brincante deles. Mas atualmente sabemos que eles estão em pleno processo de aprendizagem da cultura do brincar, e isso ocorre por meio das experiências e das relações estabelecidas com os adultos em seu entorno, bem como na interação com as outras crianças. Portanto, é indicado que o professor acesse saberes relativos à ludicidade e invista na confecção de diferentes brinquedos que dialoguem com as histórias – e que sejam manipulados para enriquecer a interação. No caso dos **bonecos de luva**, após a criação do personagem, é hora de dar vida a ele por meio da criação de movimentos, voz ou uma sonoridade diferente da usada comumente pelo professor. No dia a dia, esse boneco pode aparecer, dando sentido a vários momentos da rotina com os alunos.

Aos poucos, você irá perceber que eles identificam, reagem e ao mesmo tempo sentem o desejo de brincar com o personagem. Eles aprendem a brincar vendo você brincar, observando seu modo de interagir com o fantoche.

O boneco de luva, em especial, possibilita o movimento, pois é necessário imprimir nele características próprias. Dessa forma, os bebês têm a oportunidade de ter mais alguém na sala que eles aprendem a gostar e relacionar com sons, músicas ou histórias. No entanto, para que tudo isso aconteça, é necessário que o professor assuma seu papel de mediador, que acredite no encantamento proporcionado pelas histórias e assim, qualifique sua relação com os bebês no contexto pedagógico.

O professor pode se inspirar na proposta dos livros e criar novas possibilidades. Com essa intenção, é necessário refletir sobre a importância do trabalho pedagógico que instiga as percepções dos bebês, além de ser muito interessante apresentar diferentes materialidades nos brinquedos e nos contextos brincantes com os livros.

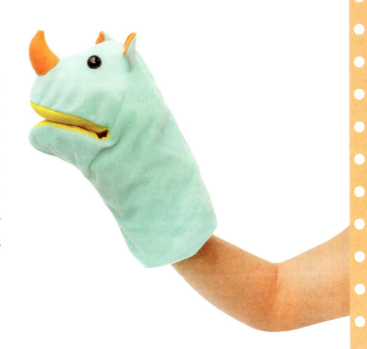

    Nesse sentido, os elementos naturais também entram em cena. Cada objeto ganha sentido por sua materialidade, os bebês exploram sensações diversas e reagem a elas. Objetos de plástico, por exemplo, são mais frios; os tecidos, por sua vez, promovem diferentes sensações; os feltros são mais quentes. O velcro é instigante pelo som e pela textura espinhosa; zíperes dão a ideia de abrir e fechar. Um livro pode estar numa bolsa fechada com velcro e, cada vez que se abre a bolsa, os bebês compreendem que existe ali uma surpresa e uma nova descoberta.

Ainda falando sobre as percepções dos bebês, é muito importante lembrar que eles estão em pleno processo de reconhecimento corporal, testando seus limites e possibilidades. O professor deve testar as expressividades corporais das crianças para trazer diferentes propostas que explorem as partes do corpo. Nesse contexto, canções que sinalizam movimentos de mãos, cabeça, braços, rodopios, entre outros, são muito importantes.

Uma proposta lúdica bem aceita pelos bebês é o trabalho com sombras. As sombras são uma grande provocação visual. Eles desafiam os próprios limites corporais tentando pegar as formas que são projetadas numa parede, por exemplo. Se vier acompanhada de sons, a proposta fica ainda mais instigante. Veja exemplos de silhuetas projetadas na luz. O efeito é muito interessante.

Para o trabalho com sombras, não é necessário que o espaço esteja totalmente em penumbra; por vezes uma réstia de sol que venha de uma janela já faz grandes efeitos quando projetada no chão. Lembre-se de que os bebês podem não se sentir seguros em ambientes muito escuros.

Lanternas e objetos que brilham também podem ser utilizados.

Silhuetas dos personagens, brinquedos, formas abstratas, cores nos vazados das formas, ao serem projetados numa parede ou no chão, tornam a experiência com as sombras muito instigante para os bebês. É uma proposta que pode vir acompanhada de sons característicos para as as sombras ou canções, gerando maior interesse por parte dos alunos.

A faixa etária de 6 meses a 1 ano de idade é uma passagem muito rápida e relevante na vida do bebê. No contexto pedagógico, muitas são as propostas que podem ser viabilizadas no encontro entre os bebês e a literatura. Mas antes de qualquer aspecto ser considerado, é necessário acreditar no potencial leitor que eles têm. O ideal é que todos os dias seja reservado um momento para as práticas literárias; isso não significa que uma nova história tenha de ser contada diariamente, mas que o hábito da interação entre os bebês e os livros seja diário e que seja explorado o espaço da **bebeteca**.

REFERÊNCIAS

GALVÃO, C. de S. L. *Existe uma literatura para bebês?* Dissertação de Mestrado em Educação. UFMG, Belo Horizonte, 2016.

SOUZA, E. M. Brincando com crianças de 0 a 3 anos. In.: CARNEIRO, M. A. B.(org.). *Cócegas, cambalhotas e esconderijos:* construindo cultura e criando vínculos. São Paulo: Articulação Universidade Escola, p. 63-79, 2010.